FACULTÉ DE DROIT DE PARIS.

𝕿𝖍𝖊̀𝖘𝖊

POUR LA LICENCE.

L'Acte public sur les matières ci-après sera soutenu,

le jeudi 29 juin 1854, à dix heures,

Par PAUL-HENRI-HIPPOLYTE BÉRARD, né à Nimes (Gard).

Président : **M. VALETTE**, Professeur.

Suffragants :	MM. DURANTON, COLMET-DAAGE, DE VALROGER, DEMANGEAT,	Professeurs. Suppléant.

Le Candidat répondra en outre aux questions qui lui seront faites
sur les autres matières de l'enseignement.

PARIS.

VINCHON, FILS ET SUCCESSEUR DE Mme Ve BALLARD,
Imprimeur de la Faculté de Droit,
RUE J.-J. ROUSSEAU, 8.

—

1854

2521

A MON PÈRE, A MA MÈRE.

————

A MA SOEUR.

JUS ROMANUM.

---◆---

Quid sit legatum, quid fideicommissum.—Legatum duplici sensu accipitur. Largiori sensu continet omnes liberalitates quæ mortis causa fiunt. Hinc « et fideicommissum, et mortis causa donatio, appellatione *legati* continentur » (L. 87, lib. 32).

Strictiori sensu « legatum est donatio testamento relicta » (L. 36, lib. 31).

Post legem Falcidiam alia definitio invaluit. « Legatum est delibatio hereditatis, qua testator ex eo quod universum heredis foret, alicui quid collatum velit. » (L. 116, lib. 30.)

Tandem, jure Justinianeo, quo legatum etiam ab intestato relinqui potest, non debet amplius definiri *testamento* relictum. Ideo in Institutionibus, lib. 2, tit. 20, § 1, definitur : *donatio quædam a defuncto relicta.*

Jam videamus quid sit fideicommissum. Hujus a legato diffe-
rentiam ita accurate tradit Ulpianus : «Legatum est quod legis
modo, id est imperative testamento relinquitur. Nam ea quæ
precativo modo relinquuntur, *fideicommissa* vocantur. (Ulp.
Fragm., tit. 24, *de legatis*, § 1.)

« Fideicommissum est quod non civilibus verbis, sed preca-
tive relinquitur; nec ex rigore juris civilis proficiscitur, sed ex
voluntate datur relinquentis ». (Ibid., tit. 25, *de fideicomm.*,
§ 1.)

« Fideicommittere his verbis possumus : rogo, peto, volo,
mando, deprecor, cupio, injungo, desidero quoque et impero
verba, utile faciunt fideicommissum : relinquo vero, et com-
mendo, nullam fideicommissi pariunt actionem. » (Paul. Sent.,
lib. 4, tit. 1, § 6.)

Jure Pandectarum , jam multam affinitatem fideicommissa
cum legatis habebant; adhuc majorem habuerunt post Constan-
tinus, Constantius et Constans, et tandem Justinianus per omnia
exæquavit legata fideicommissis (L. 2, Cod., 6, 43, *de legatis*).

Nunc quærendum est quando dies legatorum et fideicom-
missorum cedat, et quis hinc sequatur effectus.

QUANDO DIES LEGATORUM ET FIDEICOMMISSORUM CEDAT ?

Dies *cedere* dicitur in jure cum quid incipit deberi : venire
vero, cum quid incipit peti posse. Et in contractibus quidem illud
obtinet, ut, ubi pure quis stipulatus est, statim cedat ac veniat
dies obligationis; ubi in diem, protinus quidem dies obligationis
cedat, sed non veniat, nisi lapso die; ubi sub conditione, neque
cedat neque veniat dies conditione pendente, sed tamen spes
obligationis nascatur, quæ et in heredes transmittitur, si, prius-
quam conditio exstet, mors stipulatori contingat (L. *cedere
diem,* 213, ff,, *de verb. signif.*).

5

At in legatis et fideicommissis, non eodem modo per omnia id observatur; diem fideicommissi cedere, nihil aliud est quam jus legatario aut fideicommissario quæri.

« Legatorum quæ pure, vel in diem certam relicta sunt, dies cedit, antiquo quidem jure, ex mortis testatoris tempore; per legem autem Papiam-Poppæam, ex apertis tabulis testamenti: eorum vero quæ sub conditione relicta sunt, cum conditio exstiterit. » (Ulp. Fragm., tit. 24, *de legatis*, § 31.)

Ita de legatis sanxerat lex Papia. Quum autem de fideicommissis tacuisset, ea etiam post legem Papiam sicut et jure antiquo, ex die mortis cessisse dicendum est. Et ita Cujacius ad L. Cod. 6, 50, *de caduc. toll.*

Jure novo lex Papia abrogata est, et jus antiquum reduci placuit circa diem quo legata cedunt. « Itaque si purum legatum est; ex die mortis, dies ejus cedit. »

« Vero post diem sint legata relicta, simili modo atque in puris dies cedit. Nisi forte id fuit legatum quod ad heredem non transit; nam hujus dies non ante cedit: utputa, si ususfructus sit post annum relictus. Hanc enim sententiam probamus. » (L. 5, § 1, 36, 2.)

« Sed si sub conditione sit legatum relictum, non prius dies legati cedit quam conditio fuerit impleta; ne quidem si ea sit conditio quæ in potestate sit legatarii. » (L. 5, § 2, 36, 2.)

Quod autem dicimus in diem relicta statim cedere, intellige de die certo. Dies enim incertus pro conditione habetur; nec ante cedit legatum quum dies venerit.

Hinc Paulus: « Si dies adposita legato non est, præsens debetur, aut confestim ad eum pertinet, cui datum est: dies adjecta, quamvis longa sit, si certa est (veluti *Kalendis januariis centesimis*) dies quidem legati statim cedit, sed ante diem peti non possit : at si incerta (quasi *quum* pubes erit, *quum* in familiam nupserit, *quum* magistratum inierit, *quum* aliquid demum quod scribendo comprehendere sit commodum fecerit) : nisi tempus conditiove obtigit, neque res pertinere, neque dies legati cedere potest. » (**L. 21, 36, 2.**)

Quædam sunt tamen conditiones quarum eventum exspectari necesse non est ut dies legati cedat.

Et primo : « sed si ea conditio fuit, quam prætor remittit, statim dies cedit ». (Sup. D., l. 5, § 3.)

« Idemque et in impossibili conditione, quia pro puro hoc legatum habetur ». (**L. 5, § 4, 36, 2.**)

« Item si qua conditio sit, quæ per legatarium non stat quominus impleatur, sed, aut per heredem, aut per ejus personam in cujus persona jussus est parere conditioni ; dies legati cedit, quoniam pro impleta habetur : utputa, si jussus sim heredi decem dare, et ille accipere nolit. Sed et si mihi ita legatum sit, *si Seiam uxorem duxero*, nec ea velit nubere, dicendum erit diem legati cedere, quod per me non stat quominus pareant conditioni, sed per alium stat quominus impleatur conditio ». (**L. 5, § 5, 36, 2.**)

Non exspectatur etiam (ut dies legati cedat) adventus earum conditionum quæ natura insunt : nec enim ex talibus legatum conditionale fit.

« Mortuo patre, licet vivo pupillo, dies legatorum a substituto datorum cedit (**L. 1, 36, 2**). » Hic non exspectatur ut existat conditio mortis pupilli ante pubertatem ; quia hæc conditio, quum natura insit legatis a substituto relictis, non est proprie conditio, nec facit legatum conditionale.

« Eorum legatorum quæ in codicillis relicta sunt perinde dies cedit atque testamento relictorum » (**L. 6, § 2, 36, 2**).

§ 2. — De quibusdam legatis ac fideicommissis, in quibus jus singulare observatur circa diem quo cedant.

Jus singulare observatur in legatis ac fideicommissis earum rerum quæ personæ cohærent, nec ad heredem transeunt. Quamvis enim pure relicta sint, eorum dies nonnisi ex die aditæ hereditatis cedit.

Igitur, « si pure sit ususfructus legatus, vel usus, vel habitatio, neque eorum dies ante aditam hereditatem cedit, neque petitio ad heredem transit. »

« Idem et si ex die sit ususfructus relictus. » (L. 2, 36, 2.) Imo nec cedit ante diem ex quo relictus est, « nam quum ad heredem non transferatur, frustra est, si ante quis diem ejus cedere dixerit (L. 3, 36, 2). »

Unde, « si habitatio filiofamilias vel servo legata sit, puto non acquiri domino vel patri legatum, si ante aditam hereditatem filius vel servus decesserit. Nam, quum personæ cohæreat, recte dicitur ante aditam hereditatem diem non cedere (L. 9, 36, 2). »

Ut dies cedat in his legatis servitutum personalium, quamvis pure relicta sint, præterquam oportet aditam esse testatoris hereditatem, illud amplius requiritur, ut existat vera persona cui servitus debeatur et quæ ea uti possit.

Hinc Ulpianus : « Dies autem ususfructus, item usus, non prius cedet, quam hereditas adeatur : tunc enim constituitur ususfructus, quum quis jam frui potest. Hac ratione et si servo hereditario ususfructus legetur, Julianus scribit, quamvis cætera legata hereditati adquirantur, in usufructu tamen personam domini exspectari, qui uti et frui possit (L. 1, § 2, lib. vii, tit. 3). »

Igitur exspectandum erit ut adeatur et illa hereditas ad quam pertinet servus legatarius.

Hinc idem Julianus : « Quum servo legato, antequam hereditas ejus qui legaverat adiretur, ususfructus ab alio legatus fuerit, et prior hereditas ejus qui usumfructum legaverit adita fuerit; nulla ratio est cur diem legati cedere existimemus antequam ea quoque hereditas, ex qua servus legatus erat, adeatur; quum neque in præsentia ullum emolumentum hereditati adquiratur, et, si interim servus mortuus fuerit, legatum extinguatur. Quare, adita hereditate, existimandum est usumfructum ad eum, cujus legatus esset, pertinere (L. 16, § 1, 36, 2). »

« Quod si servus cui ususfructus legatus fuerit, ipse non legatus fuerit, dicendum usumfructum ad hereditatem pertinere (id est ad heredem), eo quod dies ejus ante aditam hereditatem non cesserit (L. 16, § 2, 36, 2). »

Legata earum rerum quæ ad heredem non transeunt, non solum non cedunt, nisi adita hereditate, quum pure sunt relicta. sed et « item si ex die ususfructus legetur, dies ejus nondum cedet, nisi cum dies venit. Posse enim usumfructum ex die legari, et in diem, constat (L. 1, § 3, 7, 3). »

« Non solum autem ususfructus, ante aditam hereditatem, dies non cedit ; sed nec actio de usufructu. Idemque et si ex die fuerit legatus ususfructus, nihil facere ; quamvis alias, qui ante diem agit, male agit (L. 1, § 4, 7, 3). »

Item dicendum est de cæteris servitutibus personalibus.

Est et alia species relictorum, quorum dies non nisi ex die aditæ hereditatis cedit; scilicet quæ servis testatoris relicta sunt.

Hoc docet Ulpianus : « Interdum aditio heredis, legatis moram facit : utputa, si forte, servo manumisso, vel ei cui servus legatus est, et ideo servo aliquid legatum sit. Nam servo legati relicti ante aditam hereditatem dies non cedit (L. 7. fin, 36, 2.)

Similiter Julianus : « Quum legato servo aliquid legatur, dies legati quod servo datur, non mortis tempore, sed aditæ hereditatis cedit. Et ideo impedimento non est regula juris, quominus manumisso legatum debeatur; quia, etsi confestim paterfamilias moreretur, non in ejusdem personam et emolumentum legati et obligatio juris concurrerent. Perinde igitur est hoc de quo quæritur, ac si, filio herede instituto, patri legatum esset : quod consistere intelligitur eo quod, quamvis statim paterfamilias moreretur, potest emancipatus adire hereditatem, ut patri legatum debeat (L. 17, 36, 2). »

Quum legatum est ei servo, qui testamento manumissus est, idem jus statuitur.

« Nam quum libertas non prius competat quam adita hereditate, æquissimum visum est nec legati diem ante cedere : alioquin inutile fieret legatum, si dies ejus cessisset antequam libertas competeret. Quod evenit si servo pure legatur, et liber esse sub conditione jubeatur : et pendens conditio inveniatur, etiam post aditam hereditatem (L. 8, 36, 2). »

Quod si per fideicommissum servo relicta sit libertas, legati huic servo relicti dies tunc cedit, quum libertatem ex fideicommisso fuerit consecutus.

Hinc, quidam « menstruos denarios denos manumissis legavit : quæsitum est, quum heredibus ex senatusconsulto libertatem sunt consecuti, ex quo tempore eis cibaria debeantur ? Respondit secundum ea, quæ præponerentur, ex eo tempore his cibaria debeantur, quo liberi esse cœperint (L. 27, § 1 ; 36, 2).

Sunt et aliæ species legatorum in quibus jus singulare obtinet circa diem quo cedunt : qualia sunt legata *annua,* legata *generis,* optionis et *alternativa.*

Quis ex die legati aut fideicommissi cedente is effectus sequatur? hic est : « Si post diem legati cedentem legatarius decesserit, ad heredem transfert legatum (L. 5, 36, 2). »

Et tale transmittitur ad heredem, quale ipsi legatario aut

fideicommissario debebatur. « Iisdem autem diebus (id est, iisdem pensionibus) heredi præstabitur legatum, quibus legatario ipsi, præstabatur (L. 5, § 6, 36, 2). »

Prout legatarius die legati cedenti sui aut alieni juris est, ipsi, aut ei in cujus tunc potestate est, legatum acquiretur.

Hinc Ulpianus ait : « Si quum dies legati cedere inciperet, alieni quis juris est; deberi his legatum, quorum juri fuit subjectus. Et ideo si purum legatum fuerit, et post diem legati cedentem liber factus est, apud dominum legatum relinquet. Sed si ususfructus fuerit legatus, licet post mortem testatoris, ante aditam tamen hereditatem sui juris efficiatur, sibi legatum acquiret (Sup. D., L. 5, § fin.). »

Acquiritur quidem ipsi legatario legatum, si die legati cedente sui juris est ; sed « si dies legati cesserit, deinde legatarius in jus alienum pervenit : ipsi potius debetur legatum, in cujus ipse jus pervenit; transeunt enim cum eo, quæ ei debebantur. Sed, si sub conditione fuerit legatum, non transit ; sed exspectabit conditionem : eique acquiretur cujus juris est conditionis existentis tempore. Quod si sui juris fuerit eo tempore, sibi potius acquiret (L. 14, § fin.; 36, 2). »

In conditionalibus legatis, dies non nisi existente conditione cedit, sic ut, medio tempore moriente legatario, legatum ad heredes non transmittatur, etiamsi conditio non casualis sed potestiva esset, et heres legatarii offerret implementum ejus. Multis tamen in casibus conditio legati non impedit transmissionem ejus.

Legatum annuum valde differt a legato certæ summæ in plures pensiones divisæ : cum hæc posterior species unicum legatum, cujus dies semel cedit, contineat, legatum autem annuum plura legata complectatur.

Quum duæ aut plures res alternative relictæ sint, quandiu vel circa unum incertum est an debebitur, nulla ex hoc legato

debetur ; adeoque interim dies legati non cedit. Quod si desi-
nit illa res posse deberi, legatum in reliquis valere poterit
(V. L. 16, ff., 36, 2).

POSITIONES ET QUÆSTIONES.

I. Usumfructum servus hereditarius non stipulatione, legato
autem acquirere potest.

II. In peculio servi legato, quid de rebus a servo acquisitis
a morte testatoris usque ad hereditatis aditionem?

III. Non semper in legatis sub conditione moram diei cedenti
facit conditio.

IV. In pure legatis non semper dies ex die mortis testatoris
cedit.

V. Cur necesse non est in heredis institutione cedere diem?

DROIT FRANÇAIS.

(C. c., liv. iii, tit. 2, chap. 6, et les art. 896, 897 et 898.—Loi du 12 mai 1835 sur les majorats. — Loi du 7 mai 1849 sur les majorats et les substitutions).

Substitution. — « Ce mot emporte avec soi la signification de ce qu'il veut dire : c'est l'action de mettre une personne à la place d'une autre, pour recueillir à son défaut ou après elle le profit d'une disposition (Merlin, *Répertoire*). »

Règle générale. — Les substitutions sont prohibées; ainsi commence l'art. 896 du Code civil.

Cette règle, fort simple en apparence, donne lieu pourtant à de graves difficultés. Et d'abord quelles sont les substitutions que le Code a entendu prohiber?

On sait qu'il y avait en droit romain trois sortes de substitutions : la *substitution vulgaire*, la *substitution pupillaire* et la *substitution quasi-pupillaire.* Ce ne peut être une de ces trois substitutions que le Code a entendu prohiber ; car la première est expressément autorisée par l'art. 898, et quant aux deux autres, nul ne pouvant dans notre droit tester pour autrui, il n'était pas nécessaire de faire une disposition expresse pour les défendre.

L'histoire de notre ancien droit nous donnera la solution de la question qui nous occupe.

Les dispositions que les Romains appelaient *fidéicommis* et au moyen desquelles ils étendaient la rigueur du droit civil en matière de testament, passèrent dans notre ancien droit sous la dénomination de *substitutions fidéicommissaires*. Bientôt, dans un intérêt de brièveté de langage, le mot fidéicommissaire disparut, et il ne resta plus que celui de substitution : ce sont ces substitutions que le Code prohibe.

TABLEAU HISTORIQUE DES FIDÉICOMMIS.

I. *Droit romain.* — Le fidéicommis est une disposition par laquelle, après avoir disposé en faveur d'une personne, on la prie, on la charge de restituer les biens qu'on lui attribue à une autre personne désignée.

Il arrivait souvent qu'un citoyen romain voulait disposer de son hérédité en faveur d'une personne avec laquelle il n'avait pas faction de testament, ou que la loi déclarait incapable de recevoir cette libéralité : ainsi, voulait-il instituer héritier un *peregrinus*, il ne le pouvait pas ; voulait-il laisser sa succession à sa fille, il ne le pouvait pas non plus depuis la loi Vocenia, qui défendait aux citoyens des cinq premières classes d'instituer pour héritier une femme, fût-elle leur fille unique. Enfin, la loi Cornélia avait frappé d'incapacité les proscrits et leurs enfants.

Que faisait alors le testateur? Il instituait pour héritier direct une personne avec laquelle il avait faction de testament et en laquelle il avait confiance, la priant de restituer les biens qu'il lui attribuait à l'incapable qu'il désirait gratifier.

Ces dispositions n'étaient pas dans le principe reconnues par le droit civil, et ce n'est que sous Auguste qu'elles devinrent obligatoires (*Voy.* M. Ortolan, tom. 1er, pag. 702 et suiv.).

II. *Ancien droit français.* — Les fidéicommis passent dans notre droit, mais sous un autre nom et dans un autre but. On les appelle *substitutions fidéicommissaires*, ou simplement *substitutions*.

Ce sont des dispositions par lesquelles un testateur ou donateur, après avoir disposé au profit d'une personne (le grevé), la charge de restituer les biens donnés à une autre personne désignée (l'appelé).

A l'époque féodale, elles prirent un grand développement, l'aristocratie trouvant en elles un puissant moyen de force et de perpétuité.

« En France, on comptait dix coutumes, qui formaient environ le cinquième de son territoire, où la liberté de substituer avait été défendue ou au moins resserrée dans des bornes très étroites. »

« Dans le reste de la France, les substitutions furent d'abord admises d'une manière aussi indéfinie que chez les Romains, qui n'avaient point mis de bornes à leur durée (M. Bigot-Préameneu ; Corps législat., séance du 2 floréal an XI). »

Les dix coutumes qui avaient porté atteinte à la liberté de substituer, sont celles de Bourbonnais, la Marche, Auvergne, Sedan, Montargis, Bassigny, Nivernais, Bretagne, Normandie, Hainaut.

Pour la plupart, elles ne prohibaient que les substitutions testamentaires, et comme elles défendaient les institutions d'héritiers par testament, il était conséquent qu'elles n'admissent point les substitutions faites sous cette forme.

Dès le XVIᵉ siècle, le législateur, frappé des dangers que ces substitutions présentaient pour le crédit public et privé, sentit la nécessité d'intervenir et de réprimer les fraudes et les abus scandaleux auxquels elles donnaient lieu. De là plusieurs ordonnances, dont les plus importantes sont celle d'Orléans en

1560 rédigée par le chancelier de l'Hospital, celle de Moulins de 1566, et enfin celle de 1747 due à d'Aguesseau et que l'on peut regarder comme le Code des substitutions jusqu'en 1792 (1).

Un grand nombre de dispositions de cette dernière ordonnance ont été adoptées par les rédacteurs du Code civil.

Motifs qui ont déterminé le législateur à abolir les substitutions. — Ainsi qu'on l'a vu, nos rois avaient tenté, à différentes reprises, de porter remède aux maux qu'entraîne cette manière de disposer; mais il était difficile de concilier avec l'intérêt de la société, le droit de créer un ordre de succession perpétuel et particulier à chaque famille. De quels abus, de quels inconvénients les substitutions n'étaient-elles pas la source! Elles étaient contraires aux intérêts du trésor public en ce qu'elles plaçaient une grande masse de biens hors du commerce ; elles étaient une cause de détérioration des biens, le grevé se trouvant naturellement conduit à multiplier et à anticiper les produits qu'il pourrait retirer des biens substitués ; elles donnaient lieu à de fréquents procès; elles étaient abusives en ce

---

(1) L'ordonnance d'Orléans limitait les substitutions à deux degrés, l'institution non comprise. Mais tous les efforts de la jurisprudence tendirent à paralyser les effets de cette restriction; ainsi on admet que l'on ne devait compter que pour un degré toutes les substitutions faites en faveur des différentes personnes d'une même génération. Cette même doctrine voulait de plus que le disposant pût charger à son tour un des substitués de faire une substitution de deux degrés.

L'ordonnance de Moulins limita à quatre degrés les substitutions faites avant l'ordonnance d'Orléans, et enjoignit sous peine de nullité de la substitution, l'enregistrement de tout acte entre vifs ou de dernière volonté contenant une substitution.

Enfin vint l'ordonnance de 1747, limitant, comme celle d'Orléans, les substitutions à deux degrés : elle était divisée en deux titres, le premier déterminait tout ce qui concerne les substitutions fidéicommissaires considérées en elles-mêmes ; le second déterminait les obligations imposées au grevé. Tel était le dernier état du droit en 1792.

qu'elles servaient à dépouiller les tiers qui avaient cru contracter avec un grand propriétaire, et qui ne trouvaient à la
mort qu'un débiteur insolvable ; elles étaient immorales, en ce
qu'elles sacrifiaient tous les membres d'une famille pour ré-
server à un seul l'éclat de la fortune. Aussi furent-elles abolies,
même rétroactivement, par la loi des 25 octobre et 15 novembre
1792.

Exceptions au principe de la prohibition des substitutions. —
Cette prohibition fut confirmée par le législateur de 1803. Le
Code civil va même plus loin que la loi de 1792, car celle-ci se
bornait à annuler la substitution et laissait subsister la donation
à l'égard du grevé. Mais en posant le principe de la nullité absolue, le Code y apporte une exception importante dans les
art. 1048 et 1049 en faveur des père et mère à l'égard de leurs
enfants et petits-enfants, et des frères et sœurs à l'égard de leurs
neveux, exception qui fut encore étendue par les décrets impé-
riaux relatifs aux majorats et par la loi du 17 mai 1826 dont
l'article unique portait : « Les biens dont il est permis de dis-
« poser, aux termes des art. 913, 915 et 916 du Code civil, pour-
« ront être donnés en tout ou en partie, par acte entre vifs
« ou testamentaire, avec la charge de les rendre à un ou plu-
« sieurs enfants du donataire nés ou à naître, jusqu'au deuxième
« degré inclusivement. Seront observés, pour l'exécution de
« cette disposition, les art. 1051 et suivants du Code civil, et
« y compris l'art. 1074. »

Comparée avec le Code, cette loi présentait trois diffé-
rences : 1° elle dispensait du lien de parenté entre le disposant
et le grevé ; 2° elle permettait une désignation personnelle,
tandis que l'art. 1050 appelait tous les enfants du grevé ; 3° elle
autorisait deux degrés de substitutions, et le Code ne tolérait
que les fidéicommis simples. C'était un retour à peu près com-
plet à l'ordonnance de 1747 ; la loi de 1826 exigeait seulement
de plus que les appelés fussent des descendants du grevé.

17

Majorats. — L'institution des majorats était aussi venue apporter une dérogation au principe de la prohibition des substitutions ; elle se trouve consacrée par le troisième alinéa de l'art. 896 (Cod. c.), et réglementée par les décrets des 1er mars 1808, 24 juin 1808, 2 février 1809, 3 mars 1809 ; par deux avis du conseil d'État du 8 juillet et du 5 août 1809 ; par les décrets des 3 mars 1810, 14 octobre 1811, 22 décembre 1812, 11 novembre 1813 ; par les ordonnances royales des 15 juillet 1814, 8 octobre 1814, 25 août 1817 et par les lois des 5 décembre 1814, 12 mai 1835 et 7 mai 1849.

Les majorats prirent naissance en Italie, passèrent en Espagne et d'Espagne en France. Ils furent supprimés en 1792 ; mais en 1806, Napoléon, voulant fonder une noblesse nouvelle, les rétablit (voir le décret du 30 mars et le sénatus-consulte du 14 août). L'empereur pouvait autoriser un chef de famille à substituer ses biens libres, par ordre de primogéniture et de masculinité. Un décret du 1er mars 1808 créa une nouvelle espèce de majorats, qui consistaient dans une dotation tirée du domaine extraordinaire de l'État. On distingua alors les *majorats sur demande* des *majorats de propre* mouvement. Le décret du 1er mars, qui organisait ces derniers, renferme toute la législation sur cette matière. Les biens qui peuvent entrer dans la dotation d'un titre sont les immeubles libres de tous priviléges ou hypothèques, les rentes et actions de la banque de France, dûment immobilisées. Les personnes qui peuvent demander l'institution d'un majorat sont celles auxquelles un titre nobiliaire est accordé.

Quant à la procédure, elle a lieu devant un conseil du sceau des titres, sous la présidence de l'archichancelier. Ce conseil examine en premier lieu la demande qui a dû être faite au chancelier. Si elle paraît admissible, il est dressé un acte indicatif des biens propres à entrer dans le majorat ; cet acte est

2521   3 transcrit au bureau hypothécaire de la situation de chacun des immeubles, et après quinzaine depuis cette transcription, ces biens deviennent inaliénables pendant un an ; le procureur général près le conseil doit purger les hypothèques et les priviléges pesant sur ces immeubles ; enfin l'année expirée, le conseil donne un avis, et l'Empereur porte un décret.

Quant aux effets de la constitution d'un majorat, ils consistent en ce que les biens deviennent inaliénables ; les jugements d'où résulterait une aliénation seraient annulés par le conseil d'État : ils passent aux substitués, libres de toute dette contractée par le précédent propriétaire, sauf les dettes dont s'occupe l'art. 2101 du Code civil, pour lesquelles le substitué peut être poursuivi jusqu'à concurrence d'une année de produit ; il doit de plus payer à la veuve de son auteur une pension égale au tiers des revenus. Cette pension serait de la moitié des revenus, si le majorat était éteint.

En 1809, nouveau décret qui permet à la femme de créer un majorat en faveur de son mari et des enfants communs.

En 1817, ordonnance royale relative aux majorats formant la dotation d'un titre de pair. Il est généralement admis que les majorats institués en vertu de cette dernière ordonnance ne sont pas assujettis à la pension de la veuve du dernier titulaire.

Tel est le résumé des dispositions que la loi du 12 mai 1835 est venue abolir presque complètement. Étrangère aux majorats de propre mouvement, cette loi permit à tout fondateur d'un majorat sur demande de la révoquer en tout ou en partie, à moins qu'il existât lors de la promulgation de la loi un appelé ayant contracté un mariage non dissous ou ayant enfants d'un précédent mariage. Cette révocation est constatée par une ordonnance du roi. En cas de non-révocation, le majorat est restreint à deux degrés, l'institution non comprise, et par ce mot, la loi entend la formation même du majorat; la possession de celui qui s'est fait autoriser à l'instituer ne doit pas compter dans les deux degrés. Ainsi, les biens deviendront libres dans les mains de l'arrière-petit-fils du constituant.

Loi du 7 mai 1849. — La loi du 7 mai 1849 a été plus loin encore; elle nous a replacés sous l'empire de la législation du Code. Voici le texte de cette loi (1) :

« Art. 1er. — Les majorats de biens particuliers qui auront été transmis à deux degrés successifs, à partir du premier titulaire, sont abolis. Les biens composant les majorats demeureront libres entre les mains de ceux qui en sont investis.

« Art. 2. — Pour l'avenir, la transmission, limitée à deux degrés à partir du premier titulaire, n'aura lieu qu'en faveur des appelés déjà nés ou conçus lors de la promulgation de la présente loi.

« S'il n'existe point d'appelés à cette époque, ou si ceux qui existaient décèdent avant l'ouverture de leurs droits, les biens du majorat deviendront immédiatement libres entre les mains du possesseur.

« Art. 3. — Pendant une année, à partir de la promulgation de la présente loi, lorsqu'une saisie sera pratiquée sur les biens devenus libres en vertu de l'art. précédent, les juges pourront toujours, quelle que soit la nature du titre, appliquer l'art. 1244 du Code, et surseoir aux poursuites ultérieures, pendant les délais qu'ils détermineront.

« Art. 4. — Il n'est rien innové quant au droit spécial de révocation conféré au fondateur par l'art. 3 de la loi du 12 mai 1835.

---

(1) Voir le rapport de M. Valette, déposé dans la séance de l'Assemblée nationale du 6 janvier 1849.

« Art. 5. Dans les cas prévus par les art. 1, 2 et 4 de la présente loi, le ministre de la justice statuera sur les demandes en radiation, soit de transcription hypothécaire, soit de translation spéciale d'immobilisation des rentes sur l'État ou des actions de la banque de France. Sur son refus, les parties intéressées pourront se pourvoir devant les tribunaux ordinaires qui statueront définitivement.

« Art. 6. Sont abrogées, relativement aux majorats de biens particuliers, les dispositions du décret du 1er mars 1808 (art. 6) et du décret du 4 juin 1809, relatives à la retenue et à la capitalisation du dixième du revenu des rentes sur l'État ou des actions de la banque de France.

« Art. 7. La mutation par décès d'un majorat de biens particuliers donnera ouverture au droit de transmission de propriété en ligne directe.

« La taxe d'un cinquième d'une année de revenu, établie par le décret du 4 mai 1809, est abolie pour l'avenir.

« Il ne sera perçu qu'un droit de transmission d'usufruit mobilier sur la pension de la veuve.

« Art. 8. La loi du 17 mai 1826 sur les substitutions est abrogée.

« Art. 9. Les substitutions déjà établies sont maintenues au profit de tous les appelés nés ou conçus lors de la promulgation de la présente loi.

« Lorsqu'une substitution sera recueillie par un ou plusieurs des appelés dont il vient d'être parlé, elle profitera à tous les autres appelés du même degré ou à leurs représentants, quelle que soit l'époque où leur existence aura commencé. »

SUBSTITUTIONS PROHIBÉES.

Nous avons signalé les puissants motifs qui avaient amené le législateur à prohiber les substitutions ; mais l'expérience avait prouvé que la prohibition portée par la loi de 1792 manquait d'une sanction efficace, et qu'elle était continuellement éludée par la conscience des grevés. Les rédacteurs du Code comprirent donc que défendre les substitutions comme l'avait fait cette loi, n'était qu'une mesure imparfaite qui ne remplirait pas leur grand but politique. Puisque, pour être illégales, elles n'en avaient pas moins un caractère obligatoire aux yeux des grevés, il fallait alors avertir les donateurs qu'en vain ils se reposeraient sur la loyauté des donataires, car la cause de substitution vicierait la donation.

Aussi à la différence des autres conditions contraires aux lois, qui sont, aux termes de l'art. 900, simplement réputées non écrites, la clause de substitution entraîne la nullité des dispositions qui en sont grevées.

D'ailleurs, dans l'autre système, qui était celui de la loi de 1792, est-ce que le législateur ne s'exposait pas au danger d'intervertir l'ordre des affections du donateur? Est-ce le donataire ou le substitué qui devait être préféré? Décider en faveur de l'un ou de l'autre, c'était se mettre à la place du donateur, et alors ne devait-on pas craindre d'altérer sa volonté? La sagesse, la justice, commandaient donc que la disposition entière fût considérée comme non avenue.

Avant de rechercher quels sont les caractères constitutifs des substitutions que la loi a voulu prohiber, nous ferons remarquer que le Code nous avertit de ne pas ranger dans cette classe ce mode de libéralité que les Romains désignaient sous le nom de substitution vulgaire (art. 898), non plus que la disposition qui attribuerait l'usufruit à l'un et la nue propriété à l'autre (art. 899). Dans le premier cas, en effet, la disposition « n'a point pour objet de perpétuer l'héritage dans une famille de même nom, mais de trouver quelqu'un qui accepte l'héritage (1), » et dans le second il y a deux donataires ou légataires directs, qui reçoivent chacun immédiatement les biens donnés ou légués, et aucun d'eux n'est tenu de conserver ce qu'il a reçu pour le rendre à l'autre.

Caractères constitutifs des substitutions prohibées. — Quelques auteurs s'appuyant sur le texte de l'art. 896, enseignent que la charge de conserver et de rendre imposée à un héritier *ab intestat* ne constitue pas non plus une substitution prohibée. C'est une erreur : le Code prohibe les dispositions que l'on nommait substitutions dans l'ancien droit, c'est-à-dire les dispositions qui contiennent charge de conserver jusqu'à la mort, pour transmettre alors à une personne désignée ; or, voici ce que dit Pothier dans son traité des substitutions (sect. 4, art. 1er, § 3) : « Nous pouvons aussi grever de substitution nos héritiers *ab* « *intestat,* car nous sommes censés leur avoir laissé, et ils sont « censés tenir de nous tout ce que nous pouvons leur ôter, par « les dispositions que les lois nous permettent de faire : *scien-* « *dum est autem, eorum fideicommittere quem posse, ad quos* « *aliquid perventurum est morte ejus, vel dum eis datur, vel dum* « *eis non admittitur* (L. I, § 6, ff. *de leg.* 3°). »

Peu importe donc que la charge de conserver et de rendre soit imposée à un légataire ou à un héritier *ab intestat,* et les dangers que la loi a voulu prévenir existent dans le second cas aussi bien que dans le premier. D'ailleurs, il est facile d'expliquer la rédaction de l'art. 896 et de détruire l'argument des auteurs dont nous combattons la doctrine, par cette simple observation : La charge de conserver et de rendre est une disposition accessoire qui ne peut exister sans une obligation principale ; or, celle-ci ne peut avoir lieu, même à l'égard de l'hé-

---

(1) Montesquieu, *Esprit des lois,* liv. 29, chap. 8.

ritier *ab intestat*, que par donation entre vifs ou par testament. Seulement, nous devons ajouter que dans notre espèce il n'y aurait aucun intérêt à annuler la disposition à l'égard du grevé, puisque les biens qu'il perdrait à ce titre, il les recueillerait comme héritier.

Quatre caractères nous paraissent nécessaires pour constituer une substitution prohibée, savoir : 1° deux dispositions, une en faveur du grevé, l'autre en faveur de l'appelé ; 2° l'intervalle qui doit s'écouler entre l'ouverture des .deux droits; 3° l'éventualité résultant de l'incertitude sur la capacité de l'appelé au moment fixé pour la restitution ; mais ce caractère n'est pas spécial à la substitution et il ne faut pas y attacher une trop grande importance, car il peut se rencontrer aussi dans les legs conditionnels; enfin, la quatrième, que certains auteurs n'ajoutent pas, et qui, à nos yeux, est le caractère principal et suffit même pour spécifier la substitution, est la charge de *rendre au décès du grevé*.

Ce caractère, nous le distinguons dans les exceptions que le Code a admises au principe de la prohibition (art. 1048 et 1049, Code civil; majorats, 896-3° Code civil). Il se rencontre également dans les anciennes substitutions, et c'est contre cet ordre de succession, découlant *ex voluntate hominis* et non *ex voluntate legis*, que s'élevait l'orateur du gouvernement.

En résumé, et pour bien préciser notre doctrine, nous dirons qu'il n'y aura substitution qu'autant que le grevé sera tenu de conserver la chose jusqu'à sa mort, et de la rendre à cette époque à l'appelé, s'il est alors capable de la recevoir.

Des termes employés par le disposant. — Et d'abord, il faut que la charge de conserver et de rendre soit formellement imposée ou résulte nécessairement des termes de la disposition. Sans doute, il n'y a pas de termes sacramentels prescrits au disposant, mais la volonté d'obliger le donataire à conserver et rendre ne doit pas être douteuse. En droit romain, et dans notre ancien droit, il importait peu que le testateur se fût servi de termes impératifs ou précaires : ceux même qui n'exprimaient qu'une simple espérance que l'héritier restituerait, pouvaient passer pour une substitution (V. L. 6, *in fine*, ff., *leg.* 1°; Pothier, Subst., sect. II, art. 1er, § 42). Dans le système de ces législations, qui était favorable aux fidéicommis, il était conséquent qu'on appliquât ici le principe qu'un testateur ne doit pas être présumé avoir voulu écrire quelque chose d'inutile. Chez nous, au contraire, loin d'être vues avec faveur par le législateur, les substitutions ne sont tolérées que dans certains cas bien restreints.

Ce serait donc une anomalie que de prendre pour règle d'interprétation le principe que nous venons de citer, sans le modifier par cet autre, que dans le doute un testateur n'est pas censé avoir voulu faire une disposition prohibée par les lois. Mais il est bien évident que, quoiqu'on ne rencontre pas dans l'acte les mots *charge de conserver et de rendre*, et que le testateur se soit servi de termes purement précatifs, il faudra bien reconnaître la substitution s'il apparaît que la conservation et la restitution étaient dans la volonté du disposant, et non pas seulement abandonnées au libre arbitre du gratifié. Au contraire, si la disposition pouvait être entendue dans un sens qui lui permît de recevoir son exécution, on devrait de préférence adopter cette dernière interprétation. En un mot, on ne doit voir une substitution que dans les cas où l'acte, interprété par l'ensemble de ses termes, prouve d'une façon évidente que la volonté du disposant est d'obliger le gratifié à conserver la chose pour la rendre à un tiers désigné. Bien plus, il faut que ce soit dans l'acte même de disposition que cette volonté soit manifestée, et quoique certaine et expresse, elle ne constituerait pas une substitution si elle n'était exprimée que verbalement ou dans un écrit qui ne serait pas revêtu de la forme de la donation ou du testament.

En effet, on ne peut pas dire qu'il y a substitution dans le sens du Code lorsque le premier gratifié ne se trouve pas dans l'impossibilité légale d'aliéner, et dans l'impossibilité également légale de conserver et de rendre les biens compris dans la libéralité à une personne désignée. Or, l'écrit qui n'est ni une donation ni un testament, de même la simple déclaration verbale, peuvent-ils faire naître les obligations qui sont les caractères constitutifs de la substitution prohibée? Assurément non; le prétendu grevé ne serait pas réellement grevé, et rien ne l'empêcherait d'aliéner, quand et comme il voudrait.

Il en serait de même si le testateur avait fait dépendre la substitution d'une condition purement potestative de la part du grevé; cette condition, qui serait nulle en soi, ne pourrait avoir pour effet de vicier la disposition principale, c'est-à-dire l'institution d'héritier ou le legs.

La charge de conserver pour rendre, impliquant identité dans la chose reçue et rendue, il est évident que si la disposition par laquelle une personne reçoit une chose à charge d'en rendre une autre, ne forme pas une substitution, et que, par conséquent, toute libéralité qui a pour objet des choses fongibles et laisse au gratifié la disposition de ces choses, lui imposant seulement l'obligation d'en rendre d'autres de mêmes nature, qualité et quantité, ne présentera jamais les caractères constitutifs de la substitution prohibée, car la charge de conserver n'existe pas.

Elle n'existerait pas non plus si l'héritier institué devait donner sa propre chose à un tiers, car il n'y aurait pas transmission successive de cette chose dans deux ou plusieurs mains. Le tiers ne tiendrait pas la chose du disposant, il la recevrait directement du gratifié (V. Rolland de Villargues, p. 453, et Toullier, t. 5, n° 17.)

De la charge de rendre ce qui restera des biens donnés. — Par la même raison encore serait très valable la disposition qui imposerait seulement l'obligation de rendre au décès ce qui restera des biens donnés : le gratifié étant complètement libre de dissiper, d'aliéner ses biens, on ne saurait dire qu'il est tenu de les conserver, puisqu'il peut faire qu'il ne reste rien. Dans l'ancien droit, ce fidéicommis *de eo quod supererit* ou *de residuo* constituait, il est vrai, une substitution, parce que la jurisprudence romaine, suivie alors, ne laissait pas au grevé la faculté illimitée d'aliéner, et la charge de conserver dans certaines limites existait en réalité! ... *Divus autem Marcus, cum de fidei-commissaria hereditate cognosceret, his verbis, quidquid ex hereditate mea superfuerit, rogo restituas, et viri boni arbitrium inesse credidit....* (Papinien, *Dig. ad S. C. Trebellianum*, L. 54). Mais notre Code n'a pas reproduit cette règle (Toullier, t. 5, n° 38, M. Rolland de Villargues, n° 266; M. Duranton).

De la faculté d'aliéner en cas de besoin laissée au gratifié. — La question devient plus délicate, quand la disposition, tout en contenant charge de conserver, accorde en même temps la faculté d'aliéner *en cas de besoin.* Merlin (*Quest.*, v° Subst. fid., § 13) pense qu'une pareille clause n'emporte pas substitution, parce que la permission d'aliéner lui paraît abandonnée à la fantaisie du gratifié. Grenier est d'avis contraire. Pour nous, nous voyons là un point de fait qu'il faut laisser à l'appréciation des tribunaux.

Des dispositions d'usufruit. — Un usufruit ne peut servir à établir une substitution (Proud'hon, *Usufruit*, n° 449), car il n'est dans la nature qu'un droit personnel et non transmissible dans l'ordre des successions d'un usufruitier à un autre, puisque sa durée ne peut dépasser la vie de son propriétaire. Or, comment concevoir que le gratifié d'un premier usufruit soit chargé de conserver pour rendre, lorsqu'à son décès il perd tout droit à l'usufruit? Et si l'usufruit s'éteint par la mort de son propriétaire, comment cette mort le transmettrait-elle à un propriétaire nouveau, ainsi que cela doit être pour les biens frappés de substitution.

Le testateur qui dit : « Je lègue à Pierre l'usufruit de ma maison à la charge de conserver cet usufruit jusqu'à sa mort pour le rendre alors à Paul, » ne fait donc pas une substitution ; car, par la nature même des choses, et quelle que soit la pensée de ce testateur, il ne peut y avoir là que deux usufruits distincts, formant l'objet de deux legs distincts également. C'est réellement comme si le testateur avait dit, par deux clauses séparées : « 1° Je charge mon héritier de délivrer l'usufruit de ma maison à Pierre, qui en jouira pendant la vie ; 2° lorsque par la mort de Pierre, l'usufruit que je lui ai légué aura fait retour à la propriété, je charge de nouveau mon héritier de remettre l'usufruit de la même maison à Paul. »

Il en serait de même si cet usufruit était donné à Pierre et à Paul conjointement, et avec accroissement au survivant des deux, c'est-à-dire de telle sorte qu'ils aient chacun moitié de l'usufruit tant qu'ils vivront tous deux, et qu'à la mort de l'un, l'autre ait l'usufruit entier jusqu'à son décès. Sans doute, lorsque l'un des deux colégataires viendra à mourir, l'usufruit de moitié de la maison qui lui appartient passera à son colégataire ; mais il ne faut pas se laisser tromper par l'apparence. Ce n'est pas le même usufruit qui continue, c'est un second usufruit qui prend naissance dans la personne du légataire survivant, après que le premier s'est éteint par la mort du légataire prédécédé. Cependant il ne faudrait pas que la série de personnes appelées à l'usufruit fût indéfinie ; pas un prétendu droit d'usufruit, lorsqu'il est perpétuel, devient une véritable propriété, et une pareille disposition formerait une substitution.

Interprétation de l'art. 896. — La charge de rendre dont parle l'art. 896, doit s'entendre de la charge de rendre à la mort du grevé, c'est là, à notre avis, le caractère distinctif des substitutions prohibées (V. Proud'hon, traité de l'Usufruit, n°s 441 et suivants). Cette interprétation de l'art. 896 devient évidente si nous le rapprochons de ceux qui n'en sont que les exceptions. En effet, l'art. 897 dit : « Sont exceptées des deux premiers paragraphes de l'article précédent, les dispositions permises aux pères et mères et aux frères et sœurs au chapitre 6 du présent titre. » C'est-à-dire dans les art. 1048 et 1049. Ces dispositions ne sont que des exceptions à l'art. 896.

Or, nous lisons dans l'art. 1048 que les biens dont les pères et mères ont la faculté de disposer pourront être par eux donnés à un ou plusieurs de leurs enfants, avec la charge de rendre ces biens aux *enfants nés et à naître* au premier degré seulement desdits donataires. Mêmes expressions dans l'art. 1049. Eh bien, est-ce que ces mots : *enfants nés et à naître*, ne prouvent pas clairement que la charge de rendre dont il est parlé dans les deux articles est imposée pour l'époque du décès du grevé? Assurément si ; car la restitution devant être faite à tous les *enfants nés et à naître* du grevé, ce n'est nécessairement qu'à la mort de celui-ci qu'on pourra connaître tous ses enfants. D'ailleurs, s'il pouvait rester quelque doute à ce sujet, il serait facile de le faire disparaître en citant ce que le premier consul disait au conseil d'État dans la séance du 7 pluviôse an XI. Ce fut sur sa proposition que furent admises les substitutions en faveur des enfants des frères et des sœurs. « Pourquoi, disait- « il, l'oncle ne pourrait-il pas, comme le père, pourvoir à ce « qu'un neveu dissipateur n'enlevât pas sa succession à sa « famille? Les biens frappés de disposition officieuse ne demeu- « reraient pas longtemps hors du commerce, puisqu'ils y ren- « treraient après la mort du premier héritier (Fenet, t. 12, « p. 265). »

Mais s'il est démontré que les art. 1048 et 1049 doivent être entendus dans le sens que nous leur donnons, on doit nécessairement admettre aussi notre interprétation de l'art. 896, car il nous paraît impossible de soutenir que les termes de l'article qui contient la règle générale, puissent s'interpréter autrement que ceux des articles dans lesquels le législateur a posé les exceptions.

Au surplus, en s'attachant à la lettre de l'art. 896, on se mettrait en contradiction avec deux autres articles du Code, les art. 1040 et 1121. Il résulte, en effet, de ces deux articles, qu'un donataire ou légataire peut être très valablement chargé de conserver les biens dont on le gratifie, et de les rendre à un tiers désigné, quand ce n'est pas l'époque de son décès qui est fixée pour la restitution.

Aux termes de l'art. 1040, un legs peut être fait sous condition suspensive ; or, dans cette hypothèse, le débiteur du legs, et ce débiteur peut être un autre légataire, est tenu de conserver jusqu'à l'arrivée de la condition la chose qui fait l'objet du legs, et de la remettre à cette époque au légataire. Exemple : je lègue tous mes biens à Paul et je le charge de remettre ma maison à Pierre, *si navis ex Asia venerit.*

L'art. 1121 présume une théorie semblable : je puis donner mes biens à Paul, en lui imposant l'obligation de remettre à Pierre, lorsque celui-ci aura atteint sa majorité, une maison qui se trouve comprise dans ces biens.

Que devient alors la prohibition de l'art. 896, si l'on s'obstine à entendre cet article dans un sens absolu ? Car voilà deux cas où nous voyons une disposition contenant charge de *conserver et de rendre*, permise par la loi, et permise évidemment par cette raison, que le gratifié est chargé de rendre à une autre époque que celle de son décès. C'est qu'en effet, les inconvénients attachés aux substitutions faites dans l'ordre de succession, n'existent pas dans les hypothèses prévues par les art. 1040 et 1121 (Toullier, t. 5, nº 40 ; Duranton, t. 8, nº 80).

« Concluons donc qu'il n'y a de prohibé que les substitutions, « faites dans l'ordre successoral, par lesquelles l'un serait « appelé à recueillir après le décès de l'autre, et sous la con- « dition de survie » (Proud'hon, traité de l'Usufruit, nº 443).

Aussi, faut-il distinguer soigneusement dans une disposition qui contiendrait pour le gratifié, charge de rendre quelque chose à sa mort à un tiers, si c'est par l'effet de sa mort que doit s'ouvrir le droit de ce tiers ; ou si, au contraire, le testateur a seulement voulu fixer un terme pour le paiement, pour l'exigibilité du legs, car, dans ce dernier cas, il n'y aurait pas substitution prohibée. Ainsi serait très valable la disposition suivante : je lègue tous mes biens à Primus, à la condition qu'à sa mort il paiera dix mille francs à Secundus. En effet, Secundus est devenu créancier au moment du décès du testateur, et son droit passerait à ses héritiers s'il mourait avant Primus, seulement l'exigibilité du legs est retardée jusqu'à la mort de ce dernier. Nous ajouterons que dans les substitutions, la chose donnée n'est pas laissée directement au fidéicommissaire ; il la reçoit par l'entremise du grevé, et nous ne rencontrons pas ici le caractère distinctif, nous ne voyons pas deux transmissions successives, les droits de l'un et de l'autre s'ouvrent en même temps, au lieu qu'une substitution suppose deux libéralités, dont l'une ne doit exister que pendant un certain temps, tandis que l'autre ne doit commencer à recevoir son exécution qu'après que les effets de la première ont cessé. L'une est faite sous cette condition résolutoire : *si le premier donataire meurt avant le second* ; l'autre est subordonnée à une condition suspensive, *le prédécès du grevé*.

De la charge indéterminée de conserver et de rendre. — Nous avons démontré que l'art. 896 n'entendait probiber que les substitutions faites avec charge de conserver et de rendre *à la mort du grevé;* mais faut-il conclure que, parce que la loi sous-entend cette condition, elle doit être également sous-entendue dans toutes dispositions faites avec charge indéterminée de conserver et de rendre? Dans l'ancien droit, cette doctrine était admise parcequ'elle n'offrait aucun inconvénient. Sous la législation du Code, il faut faire une distinction. S'il s'agit d'une disposition permise, nous déciderons comme l'ancienne jurisprudence, que les expressions indéterminées : à la charge de rendre, signifient à la charge de rendre *à la mort* du grevé. Si, au contraire, nous nous trouvons dans un cas où la loi prohibe les substitutions, on ne doit pas admettre cette interprétation, puisqu'elle aurait pour effet d'entraîner la nullité de la disposition, et que « lorsqu'une clause est susceptible de deux sens, on doit plutôt l'entendre dans celui avec lequel elle peut avoir quelque effet, que dans le sens avec lequel elle n'en pourrait produire aucun » (art. 1157, C. c.). *Actus intelligendi sunt potius valeant, quam ut pereant* (V. M. Duranton, t. 8, n°s 88, 89).

De la défense d'aliéner entre vifs les biens donnés. — La simple défense d'aliéner entre vifs les biens compris dans la libéralité ne constituerait évidemment pas une substitution, car le gratifié serait bien tenu de conserver jusqu'à sa mort; mais nous ne rencontrons point pour lui l'obligation de rendre, et rien ne met obstacle à ce qu'il dispose des biens par acte de dernière volonté.

De la défense absolue d'aliéner les biens donnés. — Quant à la défense absolue d'aliéner, il nous semble qu'elle tomberait sous l'application de l'art. 900.

Du droit de retour stipulé au profit d'un autre que le donateur. — Nous pensons, malgré l'opinion de M. Duranton (t. 8, n° 93), que le droit de retour stipulé au profit d'un autre que le donateur entraînerait la nullité de la disposition principale; car cette disposition formerait une substitution conditionnelle.

De la simple prière de rendre. — Une simple prière de rendre, le simple désir d'une restitution ne vicierait point une libéralité ; car le bénéficiaire ne serait pas dans l'impossibilité d'aliéner, et il faut qu'il soit *obligé* de conserver pour rendre à sa mort.

Il est impossible de prévoir toutes les questions que l'on peut faire naître sur cette matière ; mais on résoudra toutes les difficultés qui pourraient se présenter, en appliquant avec discernement ces deux principes fondamentaux : l'un, qui est posé par l'art. 1157 que nous avons déjà cité, veut que toutes les fois qu'une clause est susceptible de deux interprétations, c'est toujours dans le sens qui ne présente pas une substitution qu'il faut l'entendre ; l'autre, que toutes les fois que l'acte est conçu de telle façon qu'il renferme nécessairement la charge de conserver et de rendre à la mort du grevé, sans qu'il soit possible de lui attribuer un sens différent propre à maintenir la volonté du disposant, aux yeux de la loi, la disposition est *nulle, même à l'égard du donataire, de l'héritier institué ou du légataire* (art. 896 C. c.).

Portée de la sanction de l'art. 896. — Il faut bien saisir la portée de cette sanction du principe de la prohibition des substitutions. Sans doute, il y aura nullité non-seulement de la charge de restituer, mais encore de la disposition principale ; cependant, il ne faudrait pas aller trop loin et étendre cette nullité ni aux autres libéralités contenues dans la donation ou le testament, ni à la partie de biens qui ne se trouverait pas frappée de substitution : *utile per inutile non vitiatur.* Et s'il arrivait que cette clause de substitution fût entachée d'une nullité de forme ou de fond, elle devrait être considérée comme non avenue, et ne pourrait, par conséquent, exercer aucune influence sur le sort de la disposition principale, qui, considérée en elle-même, et abstraction faite de sa relation avec la première, est parfaitement légale.

On ne devrait pas non plus annuler le legs mis à la charge du grevé ou du substitué, et il devrait être exécuté par ceux qui recueilleraient les biens compris dans l'institution annulée ; car on ne doit pas dire chez nous, comme en droit romain, que le sort des legs particuliers est lié au sort de l'institution elle-même, puisque le Code n'exige pas l'institution d'héritier pour la validité du testament.

On conçoit, au surplus, que la règle qui nous occupe donnera souvent lieu à des appréciations qui devront être abandonnées à la sagesse des tribunaux.

Nous ferons observer, en outre, que cette matière présente deux questions à résoudre : l'une de fait, l'autre de droit. La première s'élève lorsqu'il existe du doute sur la volonté du testateur, lorsqu'il s'agit de savoir si son intention était bien de faire deux libéralités, dont l'une ne serait recueillie qu'après que l'autre aurait produit tous ses effets. La question est pure-ment de droit, lorsque ces faits ne sont point douteux, mais qu'il s'agit de savoir s'ils constituent une substitution prohibée.

La première question échappe à la Cour de cassation, mais la seconde tombe sous sa juridiction.

La nullité des substitutions est d'ordre public. — La nullité des substitutions étant d'ordre public, on comprend qu'elle n'est pas susceptible de ratification. Aussi serait-ce inutilement que les parties intéressées, c'est-à-dire les héritiers d'une part, le grevé et les appelés de l'autre, consentiraient réciproque-ment à ce qu'elle produisît ses effets.

Mais que devrait-on décider dans le cas où le testateur, après avoir écrit la clause formant substitution, aurait ajouté que si cette clause était reconnue présenter une substitution prohibée, il voulait qu'elle fût considérée comme non avenue, et que la disposition principale fût maintenue comme pure et simple ?

Dirons-nous que cette précaution du testateur n'a d'autre but que d'enlever tout intérêt à se plaindre aux personnes à qui la loi a donné le droit d'attaquer la substitution, et que de valider une pareille disposition ce serait assurer le succès aux substitutions prohibées? (**M.** Duranton, tome 3, n° 94.)

Sans doute, le but du testateur, en corrigeant sa disposition, peut bien avoir été de protéger une libéralité défendue; mais, comme la révocation de la disposition accessoire peut bien aussi avoir été faite très loyalement, et dans l'ignorance des caractères qui constituent une substitution prohibée, nous pensons qu'on ne saurait donner dans cette question une décision absolue, et que c'est aux tribunaux qu'il appartient de décider, d'après les diverses parties du testament, et l'ensemble des circonstances, si le testateur a agi dans l'intention d'éluder la loi (Paris, 3 mars 1820, Sirey, 20, 2, 154).

SUBSTITUTIONS PERMISES.

Les dispositions réglées par les art. 1048 et 1049 sont de véritables substitutions; cela résulte positivement des observations présentées sur ces articles par le premier consul. Le rapprochement des art. 1055 et suivants, qui ont pour but d'assurer la conservation des biens donnés ou légués, avec charge de substitution, et de l'art. 897 combiné avec l'art. 896, le démontrerait d'ailleurs surabondamment.

Motifs de cette exception à l'art. 896. — *En faveur de quelles personnes elle est admise.* — La loi a permis ces substitutions, parce qu'elles sont conformes au principe d'égalité qui est la base de notre système successoral; elle les a organisées, non dans le but d'accumuler une grande masse de biens sur une seule et même tête pour conserver la *splendeur du nom*, mais **afin** de fournir au chef de la famille qui craint que ses biens ne soient après lui dissipés ou mal administrés par ses enfants, un moyen légal d'assurer l'avenir de ses petits-enfants.

Sans doute, si ce père redoute la mauvaise conduite ou les entreprises hasardées de son fils, il peut prévenir le danger en donnant ou léguant à ses petits-enfants la nue propriété des biens dont la loi lui permet de disposer, et en laisser l'usufruit à son fils; mais il ne peut recourir à ce moyen, si les petits-enfants dont il veut assurer l'avenir ne sont pas encore conçus. Que si son fils a déjà des enfants au moment de la disposition, ceux-ci seraient avantagés au préjudice de ceux qui naîtraient ensuite, et c'est ce qu'il ne veut pas. Une substitution était la seule manière de concilier l'intérêt du fils avec celui de ses enfants.

Tout ce que nous venons de dire du père de famille peut s'appliquer également à une personne sans enfants par rapport à ses neveux ; aussi la loi a permis aux frères et sœurs, *en cas de mort sans enfants*, de disposer de leur quotité disponible au profit d'un ou plusieurs frères et sœurs, avec charge pour le gratifié de conserver jusqu'à sa mort les biens donnés, et de les rendre à cette époque à tous les enfants nés ou à naître, au premier degré seulement (V. 1049).

La faculté de substituer appartient donc aux pères et mères et aux frères et sœurs; mais, puisque c'est là une exception, et qu'en cette matière surtout, il est vrai de dire que les exceptions sont *strictissimæ interpretationis*, nous n'admettons pas l'opinion de quelques auteurs qui veulent que la libéralité faite par un aïeul à son petit-fils ou à sa petite-fille , avec charge de rendre à ses enfants, soit une substitution valable. L'art. 1048 est formel , il ne parle que des *pères et mères*, donnant à leurs enfants; et comme c'est là une exception, nous le répétons, on ne saurait aller au-delà des termes de la loi.

Lorsque la substitution émane d'un frère ou d'une sœur, elle n'est permise qu'autant que l'auteur est mort sans enfants. Ainsi, le testateur qui laisse un fils et qui peut léguer, soit à son père, soit à un étranger, la moitié de sa fortune, ne peut cependant leur faire la moindre libéralité, à charge de restitution. C'est qu'ici les motifs que nous signalions tout à l'heure, et qui ont engagé le législateur à permettre exceptionnellement les substitutions, ne se rencontrent plus. En effet, l'exception admise par nos articles ne l'est que dans l'intérêt des enfants d'une personne qui devrait venir *ab intestat* à la succession du disposant, et elle a pour but de prêter appui aux règles des successions légitimes ; or, ce but ne serait certainement pas atteint, si les substitutions étaient autorisées dans notre espèce, car elles auraient pour effet précisément d'enlever les biens aux enfants de celui qui doit être héritier. Et puisque telle est la pensée du législateur, nous pensons donc aussi que la substitution faite par un frère se trouverait nulle par la seule présence d'un enfant adoptif lors du décès du disposant. Vainement objecterait-on que l'art. 1049 n'a pas pour but de conférer des droits successifs. Qu'importe, en effet ; celui que la loi appelle ici, c'est le fils adoptif et non pas le frère ; or, nous avons démontré que la libéralité faite à un frère ne pouvait être grevée de substitution que dans le cas où ce frère était héritier du disposant.

Toullier prétend que, par faveur pour les substitutions, l'article 1049 présente une dérogation à l'art. 960 dans l'espèce suivante : Titius en 1840 fait à son frère, par acte entre vifs, une libéralité grevée de substitution ; Titius se marie en 1841 ; en 1842 il lui naît un enfant ; cet enfant meurt en 1843, et Titius meurt lui-même quelque temps après. Eh bien, Toullier, prenant à la lettre ces mots : *sans enfants au temps de la mort,* enseigne que la substitution doit être maintenue dans ce cas ;

maintenue, quand une donation ordinaire serait nulle ! Cette doctrine est inadmissible. Dans l'art. 1049, le législateur ne s'occupe pas des causes qui peuvent amener la révocation d'une libéralité et n'entend rien changer aux principes qu'il a précédemment posés sur cette matière dans l'art. 960. Donc, avant qu'une libéralité puisse valoir comme substitution, il faut qu'elle ne soit pas nulle comme donation ordinaire, et notre espèce présente évidemment une donation révoquée par la survenance d'un enfant, sans que la mort postérieure de cet enfant puisse la faire renaître (*Voy.* Delvincourt, M. Duranton). Ce n'est qu'au profit de *tous les enfants nés et à naître au premier degré,* du fils ou du neveu du donataire, que peut être imposée la charge de conserver et de rendre. Mais quel est le sens de ces mots : *au premier degré?* Ils ont donné lieu à controverse. Delvincourt est d'avis qu'ils signifient : *Au premier degré de substitution, avec un seul degré de substitution;* c'est-à-dire que la loi ne s'est nullement préoccupée du degré de parenté des appelés avec les grevés ; de sorte que le père pourrait donner à son fils, ou le frère à son frère, avec charge de rendre, soit aux enfants, soit, s'il l'aimait mieux, aux petits-enfants du donataire.

Tous les auteurs sont unanimes pour repousser cette interprétation, et reconnaissent qu'il s'agit, dans les articles 1048 et 1049, du *degré de parenté,* et non point du *degré de substitution;* mais les uns pensent qu'il s'agit du degré le plus proche (en fait). Dans cette opinion, le mot enfant a un sens général ; la charge de rendre peut être imposée, non-seulement dans l'intérêt des enfants au *premier degré* du donataire, mais encore, lorsque ce dernier n'a plus d'enfants au premier degré, dans l'intérêt de ses *petits-enfants* ou *arrière-petits-enfants* (M. Duranton, t. 9, n° 526).

Les autres (et c'est leur doctrine que nous adoptons) sont d'avis que cette opinion n'est pas fondée, et que les expressions *enfants nés et à naître au premier degré desdits donataires*, doivent se traduire ainsi : *enfants naissant au premier degré*, c'est-à-dire *les fils et filles desdits donataires*. Le mot *degré* doit donc être pris dans le sens de *génération*, et cela est si vrai, qu'on le retrouve employé en ce sens dans l'art. 1051 qui se réfère à l'art. 1048. D'ailleurs, le Code posant en principe que toutes les substitutions sont prohibées, et n'apportant d'exceptions à ce principe que dans des cas où il n'indique qu'un seul ordre d'appelés, il est certain qu'il n'y avait par cela même qu'un seul degré de substitution, et toute explication à ce sujet eût été nécessairement oiseuse (Toullier, 726).

De la représentation. — Il peut arriver que l'un des enfants que le grevé avait au jour où la substitution lui a été faite, vienne à prédécéder laissant lui-même des enfants; c'est l'hypothèse prévue par l'art. 1051. L'ordonnance de 1747 décidait que ceux-là seuls des appelés profiteraient de la substitution qui existeraient lors de l'ouverture du droit, c'est-à-dire au moment de la mort du grevé (tit. 1, art. 20, 21). Dans cette doctrine, qui est empruntée au droit romain, les enfants du fils prédécédé ne venaient point recueillir la part qu'il eût prise s'il eût vécu.

Mais un tel système s'alliait mal avec la pensée prédominante des rédacteurs du Code, qui ont voulu avant tout maintenir l'égalité entre les appelés. Or, si les appelés survivants profitaient seuls de la substitution, il est évident que cette égalité se trouverait blessée. Aussi, faisant exception à cette règle que la vocation de l'homme est impuissante à donner le droit de représentation, la loi décida qu'en cas de prédécès d'un ou de plusieurs appelés, leurs parts iraient à leurs descendants.

Delvincourt et Malleville étendent l'application de l'art. 1051 à un cas que, selon nous, il ne prévoit pas. Ils veulent que la représentation soit admise lors même que tous les enfants du premier degré seraient morts avant le grevé. Décider ainsi, c'est faire renaître une substitution tombée et la prolonger au-delà de la durée qu'elle devait avoir.

Il faut donc dire, au contraire, que le prédécès de tous les enfants du premier degré éteint la substitution, et que les biens doivent rester libres entre les mains du grevé. Les termes de l'article ne nous paraissent permettre aucun doute à ce sujet.

La charge de restituer ne peut comprendre que la quotité disponible, et la réserve est à l'abri de toutes dispositions du donateur ou du testateur. Il en était ainsi dans l'ancien droit : « Nos coutumes, dit Pothier, conservent à nos héritiers légitimes certaines portions dans les biens de notre succession, qui ne sont susceptibles d'aucune substitution à leur préjudice, et qu'on appelle pour cet effet *réserve coutumière.* » (Traité des substit., n° 119.)

L'enfant qui aurait une partie de sa réserve grevée de substitution peut donc exiger qu'il soit libéré de la charge de restitution pour tout ce qui excède la quotité disponible.

Des actes par lesquels une substitution peut être établie, et de la capacité des appelés. — Les substitutions peuvent être faites soit par testament, soit par donation entre vifs. Mais faut-il que les appelés soient conçus au moment de la donation ou de la mort du testateur ? A ne consulter que le droit commun, l'affirmative ne serait pas douteuse ; car dès que la donation est parfaite ou lorsqu'arrive le décès du testateur, un droit sinon certain, au moins conditionnel, est offert aux appelés ; et pour acquérir un droit il faut être conçu au moment où s'ouvre ce droit (906). Nous trouvons ici une dérogation des plus notables aux principes généraux du droit. Non-seulement, en effet, il n'est pas nécessaire que le substitué intervienne dans l'acte de donation, et qu'il stipule lui-même du donataire que les choses lui seront restituées lors de l'événement de la condition ; mais la substitution peut se faire sans que le substitué le sache, même quoiqu'il ne soit pas encore né ni conçu.

A ce sujet nous nous demanderons si le donateur ne pourrait pas, par une convention postérieure faite avec le donataire seulement, décharger celui-ci de l'obligation de restituer. Pothier dit qu'avant l'ordonnance de 1747 ce point faisait question. Le donataire n'étant chargé de la substitution que par le concours de la volonté du donateur qui a fait la donation à cette charge, et de la sienne qui l'a acceptée à cette condition, semblait devoir en être déchargé par le concours de leurs volontés contraires; la substitution ayant été faite sans que le substitué y fût intervenu, paraissait pouvoir être défaite sans lui dans un temps où, n'étant pas encore ouverte, elle n'avait pu lui acquérir aucun droit. Néanmoins, l'ordonnance a décidé le contraire; elle porte, art. 11 : « que les substitutions faites par « un contrat de mariage ou par une donation entre vifs, bien et « dûment acceptée, ne pourront être révoquées, ni les clauses « d'icelle changées, augmentées ni diminuées par aucune con- « vention ou disposition postérieure, même du consentement « du donataire » (Pothier, Traité des substit. fid., sect. 1, art. 11, § 12).

Cette disposition n'a pas été formellement reproduite par le Code, et quelques auteurs sont partis de là pour soutenir que la maxime : *nihil tam naturale est quæque eo modo dissolvi quo colligata sunt* devait recevoir ici son application. Selon nous, cette doctrine ne doit pas être admise, car l'art. 1052 nous paraît contenir le germe du principe de l'art. 11 de l'ordonnance. Cet article suppose d'abord qu'une donation a été faite purement et simplement par un père à son fils, ou par un oncle à son neveu, puisque le donateur offre au donataire une nouvelle libéralité sous la condition qu'il conservera, pour les rendre à ses enfants nés ou à naître, les biens compris dans la pre-

mière donation ; le donataire est bien libre de refuser l'offre de
la seconde libéralité ; mais, s'il l'accepte, *il ne lui est plus per-*
mis de diviser les deux dispositions faites à son profit et de
renoncer à la seconde pour s'en tenir à la première, quand même
il offrirait de rendre les biens compris dans la seconde dispo-
sition.

Droits des grevés. — Voyons maintenant quels sont les droits
du grevé.

Le grevé, avons-nous dit déjà, est propriétaire ; seulement il
l'est sous condition résolutoire, et cette condition est la survie
des appelés. Mais enfin, avant l'ouverture de la substitution, il
a sur les biens substitués un véritable droit de propriété ; d'où
il suit que les actions actives et passives résident en sa seule
personne : *ipsi et in ipsum competunt.*

Doit-on aussi en tirer la conséquence que l'autorité de la
chose jugée puisse être opposée aux appelés ? Oui, si le juge-
ment rendu en faveur du grevé leur profite également ; car il
est incontestable que le grevé a qualité pour sauvegarder et
améliorer les droits qu'il est chargé de rendre ; mais, dans le
cas contraire, il faudrait que les appelés eussent été repré-
sentés dans la cause par le tuteur à la substitution, sans quoi
ils pourraient opposer la maxime *res inter alios judicata.*
Aussi bien ils ne sont, quant aux biens substitués, ni les
représentants, ni les ayants-cause du grevé ; leurs droits sont
parfaitement distincts.

C'est encore une question importante que celle de savoir quel
sera, à l'égard des appelés, l'effet des prescriptions qui auront
couru contre le grevé avant l'ouverture de la substitution.

Quelques auteurs (Delvincourt, Grenier) n'admettent pas que
les appelés soient tenus de respecter les effets de cette prescription, et voici les principaux arguments qu'ils produisent à
l'appui de leur opinion. Ils disent que les appelés étaient dans

l'impossibilité d'agir, et qu'ils se trouvent dès lors protégés par la règle *contra non valentem agere non currit præscriptio*. C'est là une première erreur ; le tuteur à la substitution pouvait et même devait faire les actes conservatoires. Ils ajoutent que les biens substitués étant inaliénables, c'est-à-dire ceux qui ne sont pas susceptibles d'être dans le commerce, sont en effet imprescriptibles ; mais est-ce qu'on peut ranger dans cette classe les biens substitués? Assurément non. Les forêts de l'État, par exemple, qui ne peuvent être aliénées qu'en vertu d'une loi, peuvent cependant être acquises aux particuliers, au moyen de la prescription. A plus forte raison doit-il en être de même pour les biens compris dans une substitution. Ils invoquent enfin l'art. 2257, suivant lequel la prescription d'une créance conditionnelle ne peut commencer qu'après l'arrivée de la condition ; or, les appelés n'avaient qu'un droit soumis à cette condition, si le grevé prédécède. On répond que cet article n'est applicable qu'entre les parties contractantes, entre un débiteur et son créancier, et qu'il ne saurait être invoqué par les substitués à l'égard des tiers, puisqu'ils pouvaient, en vertu de l'art. 1180, faire tous les actes conservatoires de leurs droits.

Disons donc que les appelés ne peuvent faire revivre les droits que le grevé aurait laissé prescrire entre ses mains. Vainement objecteraient-ils que n'étant ni nés, ni conçus, la prescription n'a pu courir contre eux. Qu'importe, en effet? Sans doute, ce n'est pas contre eux qu'a couru la prescription, puisqu'ils n'étaient pas détenteurs des droits ; mais elle a couru contre le grevé, en la personne de qui ces droits résidaient ; c'est là qu'elle les a frappés et qu'elle les a éteints. (V. M. Duranton, t. 9 , n° 610.)

Que si, au contraire, la prescription avait couru au profit du grevé, pour savoir si le bénéfice en sera personnel à celui-ci ou profitera à la substitution, il faudra distinguer entre la prescription libératoire et la prescription acquisitive. Dans le premier cas, le doute n'est pas possible. Par exemple, si une servitude frappant l'un des immeubles substitués s'éteint, il est évident que la substitution en profitera; si, au contraire, il s'agit d'une prescription acquisitive, généralement le grevé aura fait son affaire personnelle, à moins que quelque circonstance ne prouve qu'il a agi dans l'intérêt de la substitution.

De l'ouverture des substitutions. — Les substitutions s'ouvrent :

1° Par la mort naturelle ou civile du grevé ;

2° Par l'abandon anticipé que le grevé fait au profit des appelés ;

3° Par la déchéance prononcée contre le grevé pour n'avoir pas fait nommer un tuteur à la substitution (art. 1057).

Nous allons étudier séparément chacune de ces différentes causes d'ouverture des substitutions.

La première n'a pas besoin d'explication.

Sur la seconde, il faut distinguer si le grevé a abandonné la jouissance ou la propriété. Au premier cas, c'est-à-dire lorsqu'il y a abandon de la jouissance seule, tous les auteurs sont d'accord qu'il n'y a pas ouverture de la substitution, car le droit de propriété reste sur la tête du grevé jusqu'à sa mort. Il ne serait pas même vrai de dire que la substitution s'est ouverte, quant à la jouissance; on ne doit voir là qu'une donation ordinaire. Le grevé a disposé de ce droit en faveur de ses enfants, comme il aurait pu le faire au profit de toute autre personne. C'est donc de lui et non de l'auteur de la substitution que ses enfants tiennent cette libéralité *non a gravante , sed a gravato*, ils la reçoivent non comme appelés, mais en qualité de simples donataires. De [là]il suit que ceux-là seuls peuvent profiter de cet abandon, qui étaient déjà nés, ou au moins conçus, au moment où il a eu lieu, et qu'ils ne sont point tenus de partager avec les enfants dont la conception et la naissance sont postérieures à cette époque.

Dans le second cas, il y a réellement ouverture de la substitution. Mais ses effets sont-ils définitifs ou provisoires? Nous pensons qu'ils sont définitifs entre le grevé et les appelés qui recueillent les biens au moment de l'abandon ; mais qu'à l'égard des appelés non encore conçus à cette époque, ils ne peuvent être que provisoires, autrement, l'ordre établi par le disposant serait changé. D'ailleurs, il est de toute évidence que le grevé et les substitués existants n'ont pu, par une convention faite entre eux, anéantir le droit des substitués qui viendraient à naître. Voici donc comment les choses se passeront. Supposons que le grevé avait deux enfants au moment de l'abandon ; s'il en survient un troisième conçu postérieurement à cette époque, celui-ci aura droit au tiers des biens. Les deux premiers appelés meurent-ils avant le grevé, le troisième recueillera tout le bénéfice de la substitution. Si, au contraire, c'est celui-ci qui prédécède, les autres conserveront la part qu'ils avaient reçue primitivement. En un mot, les choses se passeront comme elles se seraient passées si l'ouverture avait eu lieu par la mort du grevé.

L'abandon anticipé ne saurait empêcher les créanciers du grevé, même les créanciers chirographaires dont la créance a date certaine, antérieure à l'abandon, d'exercer sur les biens substitués les mêmes droits et actions que s'il n'y avait pas eu de restitution, et ce jusqu'au jour où la substitution devait s'ouvrir. Mais nous ne parlons, bien entendu, que du cas où les biens personnels du grevé seraient insuffisants. Autrement de quoi les créanciers pourraient-ils se plaindre?

Nous déciderons aussi que si les appelés, après avoir recueilli les biens par suite de l'abandon anticipé, venaient à mourir avant le grevé, les créanciers seraient admis à se payer sur ces biens; cela est de toute justice, car si l'abandon anticipé n'eût pas eu lieu, le prédécès des appelés eût anéanti la substitution, et, par conséquent, les biens substitués restant définitivement au grevé, eussent été le gage de ses créanciers.

Il est encore certain que les tiers qui auraient acquis du grevé des immeubles sujets à restitution, ne pourraient être dépossédés avant l'échéance de la restitution établie par le titre contenant la substitution. L'abandon anticipé ne doit pas leur nuire; c'est là une conséquence du droit commun : le grevé n'a pu céder des biens dont il s'était dépouillé. Les tiers acquéreurs conserveraient donc leur droit de propriété résoluble, comme il serait entre les mains du grevé, et ils deviendraient propriétaires irrévocables, comme le serait devenu celui-ci en cas de prédécès des appelés (art. 43, ord. de 1747).

La troisième cause d'ouverture des substitutions est indiquée par l'art. 1057. Nous donnerons plus tard l'explication de cet article.

Plusieurs auteurs (V. Delvincourt, Toullier (182), M. Duranton (IX, 603) admettent une quatrième cause, *l'abus de jouissance du grevé.* On argumente dans cette opinion de l'art. 618, qui permet aux juges de prononcer l'extinction de l'usufruit pour abus de jouissance de l'usufruitier, et de l'art. 1057, qui décide que lorsque le grevé négligera de faire nommer un tuteur à la substitution, il sera déchu de ses droits; or, dit-on, si une simple négligence est une cause de déchéance, à bien plus forte raison doit-il en être de même de l'abus de jouissance. Nous répondrons que la règle posée dans l'art. 618 contre l'usufruitier ne repose sur aucun principe, c'est une peine. La disposition de l'art. 1057 contient également une peine; or, les peines ne s'étendent pas par analogie. Si donc la jouissance du grevé est abusive, on pourra le faire condamner à des dommages-intérêts et exiger que l'administration des biens lui soit enlevée et confiée à un séquestre judiciaire, mais il ne sera jamais permis de le déclarer déchu.

La seule exception que le Code ait apportée au principe de la résolution de la propriété des grevés, lors de l'ouverture de la substitution, est en faveur des femmes de ceux-ci. L'art. 1054 leur accorde en cas d'insuffisance des biens libres, un recours subsidiaire sur les biens substitués. Mais seulement pour le capital des deniers dotaux, et lorsque le testateur l'aura expressément ordonné.

Sous l'ordonnance de 1747, les droits des femmes étaient plus étendus : « L'hypothèque ou recours subsidiaire accordé aux femmes sur les biens substitués, en cas d'insuffisance des biens libres, aura lieu, tant pour le fonds ou capital de la dot, que pour les fruits ou intérêts qui en seront dus » (art. 44, § 1). Mais le Code est formel, et c'est à tort que Toullier (V. 745) prétend que l'art. 1054 reproduit la disposition de l'ordonnance que nous venons de citer.

Causes d'extinction des substitutions. — Nous avons étudié les causes qui donnent lieu à l'ouverture du droit pour les appelés ; mais il peut arriver que ce droit ne s'ouvre jamais ; ainsi, les substitutions prennent fin :

1° Par l'absence complète d'appelés ;

2° Par le refus des appelés de recueillir la substitution ;

3° Par la perte de la chose due, pourvu qu'elle arrive sans la faute du grevé : si le grevé était en faute, les substitués auraient contre lui une action en dommages-intérêts ;

4° Par la révocation.

Des mesures prescrites dans l'intérêt des appelés. — Le législateur, permettant les substitutions, a dû prendre certaines mesures, les unes dans l'intérêt des appelés, les autres dans l'intérêt des tiers.

Celles qui sont prescrites dans l'intérêt des appelés sont :

1° La nomination d'un tuteur à la substitution;

2° La confection d'un inventaire ;

3° La vente du mobilier ;

4° L'emploi des deniers provenant de cette vente.

Par une heureuse innovation, le Code veut que dans toute substitution il soit nommé un tuteur chargé, sous sa responsabilité personnelle, d'exciter la vigilance du grevé, de contrôler les actes relatifs aux biens substitués, et de prendre même l'initiative des diligences qu'il jugera nécessaires pour assurer la restitution fidèle de ces biens. Le disposant a le droit de choisir lui-même la personne à laquelle il veut confier cette tutelle, et il peut consigner son choix, soit dans l'acte même qui contient la substitution, soit dans un acte postérieur *en la forme authentique* (1055).

Ces derniers mots ont fait naître une question sur laquelle tous les auteurs ne sont pas d'accord. Il s'agit de savoir si la nomination faite après coup dans un testament olographe serait valable. Delvincourt et Toullier répondent négativement. Nous pensons que l'affirmative est préférable. La loi, en effet, autorise la nomination d'un tuteur ordinaire par testament olographe, et les fonctions de ce tuteur sont plus importantes que celles qui sont confiées au tuteur à la substitution, car celui-ci ne fait que surveiller l'exécution de la substitution , tandis que l'autre a l'administration générale des biens du mineur.

Si le disposant n'a pas usé de la faculté que la loi lui laisse, ou si la personne sur laquelle était tombé son choix s'est fait excuser, le droit d'élire passe au conseil de famille.

La personne désignée par le disposant ou par le conseil de famille ne peut refuser cette tutelle que pour l'une des causes de dispenses admises par les art. 427 et suivants.

Lorsque la disposition est faite par acte entre vifs, le disposant, tant qu'il existe, peut veiller lui-même à l'exécution de la substitution ; mais si la disposition est faite par testament, le grevé ou, s'il est mineur, son tuteur, doit provoquer la nomination du tuteur à la substitution dans le mois, à compter du décès ou de la connaissance postérieurement acquise de la disposition (1056).

« Le grevé qui n'aura pas satisfait à l'article précédent sera déchu du bénéfice de la disposition ; et, dans ce cas, le droit pourra être déclaré ouvert au profit des appelés, à la diligence soit des appelés s'ils sont majeurs, soit de leur tuteur ou curateur s'ils sont mineurs ou interdits, soit de tout parent des appelés majeurs, mineurs ou interdits, ou même d'office, à la diligence du procureur de la République, près le tribunal de première instance du lieu où la succession est ouverte (1057). »

Nous citons à dessein le texte de cet article, parce qu'il s'en faut beaucoup que les auteurs soient d'accord sur le sens qu'on doit lui donner. Les uns s'appuyant sur ces mots : « Le droit pourra être déclaré ouvert, » enseignent qu'il y a faculté pour le juge d'ouvrir ou de ne pas ouvrir le droit et même de prononcer la déchéance (Grenier, n° 385) ; d'autres veulent que la déchéance ne soit prononcée qu'autant qu'il existera des appelés pour recueillir les biens substitués. Pour nous, nous pensons avec Delvincourt et Maleville que la déchéance est impérative, que les juges doivent nécessairement la prononcer, sans qu'il y ait lieu de distinguer s'il y a déjà des appelés ou s'il n'y en a pas encore ; le texte de la loi ne nous paraît permettre aucun doute à cet égard. Quant à la seconde règle contenue dans l'article, et qui fait l'objet de la controverse, elle est relative à l'énumération des personnes qui *peuvent* s'adresser à la justice à l'effet de faire prononcer la déchéance. Notre doctrine est donc celle-ci : la déchéance est absolue ; s'il existe des appelés, ils recueilleront les biens substitués ; à défaut d'appelés alors existants les biens iront aux héritiers du disposant, **qui les remettront aux appelés** dès qu'il en surviendra, et qui les garderont définitivement s'il n'en survient pas (V. Delvincourt et Maleville).

La seconde mesure prise par la loi dans l'intérêt des appelés est l'inventaire et l'estimation des meubles compris dans la disposition faite à titre universel et par acte de dernière volonté. Cette formalité n'est pas nécessaire lorsqu'il s'agit d'un legs particulier. La règle ne s'applique donc qu'aux legs ou aux institutions contractuelles portant sur une universalité de biens ou une quote-part de cette universalité, car la donation entre vifs doit nécessairement être accompagnée d'un état estimatif des biens donnés (art. 1058 ; V. art. 1er du titre 2 de l'ordonnance de 1747).

Cet inventaire doit contenir une désignation individuelle des biens et une estimation à juste prix des meubles et effets mobiliers. Le grevé a trois mois pour le faire dresser ; le tuteur à la substitution doit être présent. Les frais sont pris sur les biens substitués (1059).

Si l'inventaire n'a pas été dressé à la requête du grevé dans le délai prescrit, le tuteur à la substitution doit y faire procéder dans le mois suivant, en présence du grevé ou de son tuteur (1060).

Enfin, si ces différentes personnes n'avaient point rempli la charge que la loi leur impose, les appelés s'ils sont majeurs, leurs tuteurs s'ils sont mineurs, leurs parents et le procureur impérial peuvent le faire dresser, mais à la condition d'y appeler le grevé ou son tuteur, et le tuteur à la substitution (1061).

Les meubles sont sujets à dépérissement et à dépréciation ; il était donc de l'intérêt des appelés qu'ils fussent convertis en argent. La loi charge le grevé de faire procéder à la vente par affiches en enchères de tous les meubles substitués (1062), à l'exception néanmoins 1° des meubles meublants et autres choses mobilières qui auraient été compris dans la disposition à la condition expresse de les conserver en nature (art. 1063; V. ordonn. de 1747, tit. II, art. 8; tit. Ier, art. 4, 5, 7); 2° des bestiaux et ustensiles servant à faire valoir les immeubles substitués. Le grevé est seulement tenu de les faire estimer, afin de pouvoir, lors de la restitution, rendre des bestiaux ou ustensiles de même valeur (1064; V. ordon. de 1747, t. Ier, art. 6).

Cette dernière disposition, fort utile dans l'ordonnance de 1747, à laquelle elle est empruntée, se trouve sans objet ici, puisque l'art. 524 déclare ces bestiaux et ces ustensiles immeubles par destination. Ce qui explique l'existence de l'art. 1064, c'est qu'il fut décrété le 3 mai 1803, tandis que le titre de la distinction des biens ne le fut que le 25 janvier 1804, alors que les rédacteurs du Code ne savaient pas encore s'ils admettraient le principe de l'immobilisation. Plus tard lorsque ce principe fut admis, on ne songea pas à faire disparaître cette disposition devenue inutile.

Il faut nécessairement supposer, quoique la loi ne le dise pas, que la vente doit être faite dans les six mois à partir de la clôture de l'inventaire, puisque l'emploi des deniers provenant de cette vente doit avoir lieu dans ce délai.

Dans le délai de six mois, à compter du jour de la clôture de l'inventaire, le grevé est tenu de faire emploi des deniers comptants, ainsi que ceux qui proviennent du prix des meubles et effets vendus, et des recouvrements opérés jusque-là. Les sommes recouvrées après la clôture de l'inventaire doivent être placées dans les trois mois du jour de la réception (art. 1065-66). Dans le premier cas, la loi a laissé un plus long délai parce que les sommes sont ordinairement plus considérables.

Comment doit se faire l'emploi? Si le disposant a exprimé sa volonté, elle devra être suivie, sinon les capitaux devront d'abord servir à payer les dettes qui sont à la charge des biens substitués, puis être employés à des acquisitions d'immeubles ou être placés avec privilége sur des immeubles (1067). Mais la loi seule peut établir un privilége; comment donc arrivera-t-on à faire un placement avec privilége? Au moyen d'une subrogation; on emploiera les capitaux au paiement de la dette d'un tiers dont les biens sont grevés d'un privilége, et on se fera mettre au lieu et place du créancier (V. art. 1250 1° et 2°, art. 2103 2° et 5°).

Un placement fait sur première hypothèque serait-il régulier? M. Duranton pense qu'il remplirait également le but de la loi, puisqu'une première hypothèque présente généralement la même sûreté qu'un privilége (t. 9 , 574). Toullier est de la même opinion. Delvincourt et M. Demante (V. t. 2, n° 460) sont d'un avis contraire.

C'est au tuteur à la substitution à faire les diligences nécessaires pour que l'emploi ait lieu conformément à la loi. Sa présence à l'opération est exigée.

Mesures prises dans l'intérêt des tiers. — Le grevé n'étant pas propriétaire irrévocable des biens substitués, la loi veut, pour garantir les tiers contre le préjudice que leur causerait l'ignorance de la substitution, que la charge de restituer soit rendue publique.

« Les dispositions par actes entre vifs ou testamentaires, à charge de restitution, seront, à la diligence, soit du grevé, soit du tuteur nommé pour l'exécution, rendues publiques, savoir : quant aux immeubles, par la transcription des actes sur les registres du bureau des hypothèques du lieu de la situation ; et quant aux sommes colloquées avec privilége sur des immeubles par l'inscription sur les biens affectés du privilége (art. 1069 ; V. ordon. de 1747, tit. 2, art. 8). »

Ainsi lorsqu'une libéralité est faite avec charge de substitution, l'acte qui la renferme doit être transcrit en entier.

S'il s'agit d'une donation entre vifs, la transcription a pour but de porter à la connaissance des tiers que le donateur n'est plus propriétaire, et, en second lieu, que les biens que vient de recevoir le grevé lui sont donnés sous condition résolutoire.

Dans le cas où une seconde libéralité serait faite sous la condition que les biens compris dans la première donation seront frappés de substitution, il faudrait en faire mention en marge de cette donation (V. 1052).

Le testament doit être transcrit comme la donation.

Lorsque des immeubles ont été acquis en exécution de l'art. 1067, le mode de publicité consiste dans la transcription de l'acte de vente ; cet acte contenant la mention que l'acquisition a été faite avec des deniers substitués, les tiers sont prévenus que le grevé n'est pas propriétaire irrévocable.

En cas de placement avec privilége des sommes frappées de substitutions, la loi exige que l'origine de la créance, acquise par ce placement, soit indiquée en marge de l'inscription prise au nom du créancier auquel le grevé a été subrogé, ou bien par une mention dans l'inscription que le grevé est tenu de prendre lui-même lorsqu'il est subrogé à un créancier dont la créance n'était pas encore inscrite.

Il importe, en effet, que les tiers soient prévenus que les droits que le grevé conférerait sur cette créance ne sont pas irrévocables.

On ne doit pas confondre la publicité de la donation avec la publicité de la substitution.

Le but de la première est de faire connaître à ceux qui voudraient contracter avec le donateur qu'il n'est plus propriétaire. Si les formalités prescrites n'ont pas été remplies, ils ne doivent pas être victimes de cette négligence, et tous les droits consentis par le donateur seraient valables.

Le but de la seconde est d'avertir les tiers que le grevé est propriétaire sous condition résolutoire, et que, par conséquent, les droits qu'il leur conférerait sur les biens substitués seraient de la même nature que le sien.

De là, il résulte que les ayants-cause du disposant peuvent se prévaloir contre le grevé du défaut de transcription de la *donation* (V. art. 941), mais qu'ils n'ont pas qualité pour opposer à *l'appelé* le défaut de transcription de la *substitution*. Ce droit n'appartient qu'aux ayants-cause du *grevé*, car eux seuls ont intérêt à connaître la substitution.

Mais c'est uniquement dans l'intérêt des créanciers et des acquéreurs à titre onéreux qu'est requise la publicité, aussi la loi refuse-t-elle le droit dont nous parlons aux donataires et légataires (1070).

L'art. 1072 qui reproduit l'art. 34, tit. 2, de l'ordonnance de 1747, nous paraît contenir une disposition inutile. Cet article suppose qu'une libéralité a été transcrite comme *donation*, mais qu'elle ne l'a pas été comme substitution, et il décide que « les donataires, les légataires, ni même les héritiers légitimes de celui qui aura fait la disposition, ni pareillement leurs donataires, légataires ou héritiers, ne pourront, en aucun cas, opposer aux appelés le défaut de transcription ou inscription. » Cela était évident et n'avait pas besoin d'être dit ; aussi bien ces personnes n'ont aucun intérêt à provoquer la nullité de la substitution, puisque cette nullité n'aurait d'autre effet que de consolider la propriété dans les mains du grevé. Mais voici comment s'explique la présence de cette disposition dans le Code. Elle avait été introduite dans l'ordonnance de 1747, pour prévenir toute confusion entre la publicité des donations et celle des substitutions, et elle a été reproduite par les rédacteurs du Code dans le même but.

En résumé, peuvent opposer le défaut de transcription de la substitution : 1° les tiers qui ont acquis à titre onéreux du grevé les biens substitués ; 2° ses créanciers.

Ce droit leur appartient même à l'égard des appelés mineurs ou interdits (1070).

Pour couper court aux procès, la loi déclare que les substitués ne seront pas admis à prouver que les tiers avaient connaissance de la substitution lorsqu'ils ont contracté avec le grevé (1071 ; V. ordonn. de 1747, t. 2, art. 33).

Observons, en finissant, que le tuteur est responsable envers les appelés du préjudice qu'il leur cause par sa négligence, et que le grevé qui ne se serait pas conformé aux règles qui lui sont tracées serait aussi exposé au recours des appelés. Sa minorité même, et l'insolvabilité de son tuteur, ne le mettraient pas à l'abri (1073-1074).

PROPOSITIONS.

I. La disposition par laquelle une personne est seulement chargée de rendre à sa mort ce qui restera des biens, ne forme pas une substitution.

II. Le Code ne permet les substitutions qu'au profit des enfants de la première génération, des *enfants* proprement dits, et non des petits-enfants du grevé.

III. Les descendants de l'appelé prédécédé ne sont admis à représenter leurs auteurs qu'autant qu'il existe d'autres enfants au premier degré.

IV. Le donateur ne peut, par une convention postérieure, faire remise au grevé de la charge de restituer.

V. Le grevé ne peut pas être déclaré déchu pour abus de jouissance.

VI. La règle de déchéance contenue dans l'art. 1054 est impérative et absolue.

VII. Les appelés sont tenus de respecter les effets de la prescription qui a couru contre le grevé.

Vu par le Président de la thèse,
VALETTE.

Vu par le Doyen,
C.-A. PELLAT.

www.ingramcontent.com/pod-product-compliance
Lightning Source LLC
Chambersburg PA
CBHW070913210326
41521CB00010B/2171